SEÑALADORES DE RAMESH BALSEKAR

SEÑALADORES DE RAMESH BALSEKAR

GAUTAM SACHDEVA

Traducción al Español por:
Nick Arandes

YogiImpressions®

YogiImpressions®

SEÑALADORES DE RAMESH BALSEKAR

Publicado por primera vez en la India en 2008 por

Yogi Impressions LLP

1711, Centre 1, World Trade Centre,
Cuffe Parade, Mumbai 400 005, India.

Website: www.yogiimpressions.com

Primera Edición: Abril 2008
Tercera Reimpresión: Mayo 2018

Copyright © 2008 por Gautam Sachdeva

Traducción al Español por: Nick Arandes

ISBN 978-93-88677-03-5

❦

«Todo lo que hay, es la Conciencia.»

– Ramesh Balsekar

CONTENIDO

PRÓLOGO
por Ramesh S. Balsekar

Cuando Gautam me dijo que había escrito un pequeño libro sobre la enseñanza y me preguntó si me gustaría leer el manuscrito, mi reacción inmediata fue: «¡Ah, por fin, ha sucedido!»

Hace bastante tiempo que lo sabía. Que Gautam era un "natural" para la enseñanza. Desde el comienzo de nuestra asociación, me quedó claro que la enseñanza era más una "liberación" en lugar de un "despertar" para él.

Que le dijeran que era más una máquina que un hombre no lo sorprendió en absoluto. Y eso me recuerda una historia que leí hace mucho tiempo. Una gran empresa multinacional tenía que involucrar a varias personas a un nivel bastante alto, y querían estar seguros de que no habría el menor prejuicio en la selección y que la selección sería totalmente objetiva. Por lo tanto, utilizaron un robot muy caro especialmente diseñado para este propósito.

Un candidato en particular pronto olvidó que un robot lo estaba entrevistando y, mientras discutía un cierto punto, estalló diciendo: «¡Eres un tonto!» El robot respondió en voz baja: «Tal vez, amigo mío, pero eres tú quien está siendo entrevistado para este trabajo.»

El lector, pienso, que encontrará el libro de Gautam Sachdeva tan tremendamente gratificante que, al final del libro, probablemente se recostará, se relajará y se preguntará: «¡¿Quién ha estado leyendo el libro?!»

Ramesh S. Balsekar

24 de febrero de 2008

INTRODUCCIÓN

Recuerdo la primera vez que asistí a la charla de Ramesh Balsekar en febrero de 2000. Realmente no podía entender de qué se trataba todo este escándalo, ya que todo lo que podía oírle decir al grupo de visitantes era que todo era la voluntad de Dios. Hice visitas posteriores durante los próximos domingos para ver lo que me había perdido, pero todo se reducía invariablemente a esto. Realmente me preguntaba por qué la gente estaría tan fascinada con un pensamiento tan obvio, que vendrían de todas partes del mundo para escucharlo. Seguí volviendo domingo tras domingo, y en el proceso absorbí varias facetas de su enseñanza.

Siempre me había resultado evidente que las cosas más importantes que habían moldeado mi vida hasta entonces simplemente habían sucedido, sin que yo desempeñara un papel activo en ellas. Perdí a mi padre cuando tenía catorce años. En verdad, ese hecho no fue el resultado de algo que había hecho.

De manera similar, surgió otra situación cuando tuve que tomar las riendas en el trabajo cuando tenía veinticuatro años y dirigía una plantilla de treinta personas, todas mayores que yo, o de lo contrario, la Compañía se hubiese arruinado debido a que la administración había salido del negocio en masa para iniciar una empresa competitiva. Seguramente tampoco había elegido esta situación; simplemente sucedió.

Recuerdo, en mi adolescencia, cuando me enfrentaba a innumerables situaciones de miedo, como esperar los resultados del examen, experimentaba ansiedad y me repetía a mí mismo:

1. No tiene sentido preocuparse, ya que si se supone que suceda, entonces ninguna cantidad de preocupación evitará que suceda.

2. Si esto no sucediera, entonces habría pasado una enorme cantidad de tiempo preocupándome sin necesidad.

Por supuesto, aunque esto le parecía racional a la mente, a esa edad no ayudaba a reducir el "parloteo mental". Más bien, se agregó al parloteo, ya que ahora la mente simplemente comenzó a repetir las dos declaraciones lógicas una y otra vez, como un mantra. Estaba claro que la comprensión tenía que estar en otra parte, aparte de la mente, ya que la mente era como un perro dando vueltas y más vueltas persiguiendo su propia cola. Muchos años después, después de haber estado expuesto a las enseñanzas de Ramesh, entendí la diferencia entre la comprensión intelectual y la «comprensión en el corazón,» como él dice.

El valor de una enseñanza se puede medir por el impacto que tiene en la vida diaria. Encontré innumerables casos en los que la exposición a la enseñanza cambió constantemente mi grado de comprensión de las situaciones de la vida.

Para dar un pequeño ejemplo: recuerdo un día, hace unos meses, cuando llevé a una amiga que visitaba del extranjero y a su hija de once años a una tienda de artesanías. La hija tuvo que comprar regalos para sus amigos, y su madre me advirtió que era indecisa por naturaleza y que tomaría un tiempo, por lo que sería mejor si me iba a casa y luego ellas me seguían. Decidí quedarme ya que necesitaban el viaje de regreso. Solo estaba observando a la hija ir y venir de la estantería de la tienda al mostrador, y luego de vuelta para intercambiar los regalos. Ella ciertamente no estaba disfrutando esto, y pude ver claramente que estaba sufriendo ya que tenía el ceño fruncido en su rostro. Ella simplemente no podía decidir qué regalos elegir. Era tan obvio que ser indecisa no era su "hacer"; más bien, se basaba en sus genes y condicionamiento, como diría Ramesh. ¿Por qué alguien elegiría ser indeciso? La compasión surgió en lugar de lo que podría haber sido irritabilidad o molestia, y me maravillé de cómo un cambio de perspectiva podría cambiar la reacción. Encontré a la madre estresada pensando que el comportamiento de la niña me haría sentir irritable, por lo que ahora me encontré tratando de tranquilizar a la madre haciéndole saber que todo estaba bien. Este incidente de grado menor me reveló como la comprensión podría tener un impacto en las situaciones cotidianas.

Muchos años después, me encontré en el negocio de la publicación de libros espirituales por "accidente" o al menos eso parecía. No habían muchos interesados en el manuscrito de mi madre, tal vez la primera vez que se explicaba la experiencia de Kundalini a través de ilustraciones en color. Dado ese el caso, publicar su libro se percibió como un riesgo debido a los altos costos involucrados. No obstante, decidimos publicarlo por nuestra cuenta, y eso es lo que dio origen a la empresa editorial. Poco sabía que la firma seguiría existiendo después de cinco años, publicando otros libros, incluido el de Ramesh. Recuerdo que fui entrevistado por un importante diario que realizaba un artículo sobre el negocio de estilo de vida espiritual / holístico. La voz en el otro extremo de la línea preguntó: «¿Cuál es su plan de negocios?» Cuando respondí: «Solo Dios sabe,» ¡pensó que estaba bromeando! Cuando mencioné que realmente no lo sabía, ya que no era un negocio planificado de manera convencional, colgó rápidamente pensando que no estaba tomándome en serio la entrevista.

Menciono todos estos incidentes de mi vida para que puedas ver que en la tuya - los grandes eventos, los puntos de inflexión, tuvieron mucho que ver con las situaciones y circunstancias que se te presentaron. Si nada de lo que se te presentó hubiera sucedido, no estarías donde estás hoy. Echa un vistazo a los amigos que te rodean, ¿no se convirtieron la mayoría de ellos en tus amigos a través de encuentros casuales?

La vida pasa. Esto es de lo que escuché a Ramesh hablar durante los próximos meses después de mi primera visita. Para mí, el hecho de que no elegimos respirar sino que, más bien, la respiración sucede, terminó con cualquier discusión sobre el concepto de no hacedor incluso antes de que comenzara. Cualquier inquietud acerca de que la enseñanza fuera fatalista se calmó cuando leí lo que Ramana Maharshi tenía que decir: «El propósito del nacimiento de uno se cumplirá, lo quieras o no. Deja que el propósito se cumpla.»

Pronto, visitar a Ramesh los domingos se convirtió en una rutina entrañable. De hecho, recuerdo que en mi segunda visita, al verme otra vez, Ramesh mencionó que debería tener cuidado, ya que esto podría convertirse en mi iglesia dominical. Y eso es exactamente lo que sucedió, aunque en esta iglesia estaba claro que la Conciencia era el único Dios. Han pasado ocho años desde que asistí por primera vez a sus satsangs. Durante este tiempo, he encontrado que su enseñanza es simple, consistente, clara y directa. Como dijo recientemente en un satsang: «Siempre tendré una respuesta a tu pregunta. Puede que no estés de acuerdo con ella, pero siempre tendré una respuesta. ¿Por qué? Porque hice las mismas preguntas que tú y llegué a mis propias conclusiones basadas en mi experiencia personal.»

Solía preguntarme qué me hacía volver una y otra vez a lo largo de los años, si simplemente estaba repitiendo lo mismo de diferentes maneras. Cuando le pregunté esto, mencionó que era como escuchar tu canción favorita, nunca te cansas de escucharla repetidamente. Y, esto realmente lo sentí en el fondo de mi corazón.

En mayo de 2007, escribí un artículo en la principal revista espiritual de la India como un homenaje a Ramesh en su 90 cumpleaños. Me alegró ver que esto fue bien recibido por los lectores, y Ramesh sugirió distribuir ese artículo como un pequeño folleto. La idea se mantuvo en un segundo plano y fue solo recientemente que, como una extensión de ese pensamiento, anoté todo lo que había escuchado en los últimos ocho años, lo que podría considerarse el núcleo de su enseñanza.

Encendí mi computadora portátil de inmediato y, para mi sorpresa, descubrí que terminé con este pequeño libro que abarcaba sus conceptos principales, y esto no tomó más de un par de horas. Se me ocurrió si debía recurrir a textos de libros anteriores o cds / dvd de audio, pero sabía que sería un proceso sin fin y que me involucraría mentalmente como si no hubiera un mañana. Entonces, simplemente elegí escuchar un CD de audio para recordar el tono de su voz en el satsang, y luego escribí lo que de la memoria me vino a la mente.

A lo largo de los años, Ramesh ha escrito más de veinticinco libros. Algunos de estos han sido escritos directamente por él como notas escritas a mano, y otros son extractos de transcripciones de varias conversaciones con buscadores.

Sin embargo, lo que me gustó de sus satsangs fue el lenguaje simple que se usó, y la manera paso a paso en que guio al buscador a través de sus conceptos: oraciones cortas y breves, una detrás de la otra hasta su conclusión lógica.

Este es el mismo estilo que adopté aquí para obtener el verdadero sabor de sus charlas en la mañana, como una de esas en las que Ramesh terminaría hablando en formato monólogo durante casi una hora a un buscador receptivo. También, esporádicamente mantuve el diálogo en primera persona aquí y allá, ya que esa es la forma en que habla a los buscadores. El énfasis en este caso fue más sobre la autenticidad y menos sobre la consistencia gramatical.

Esto es lo que se presenta en las siguientes páginas, para darle una visión general de la enseñanza en lo que podría denominarse como "un satsang" con Ramesh. Puedes estar de acuerdo con todos sus conceptos y eso podría transformarte, o puedes estar de acuerdo con algunos y rechazar los otros y eso podría cambiar la forma en que ves las situaciones de la vida. O, si no estás de acuerdo con ninguno, puedes simplemente tirar el libro por la ventana. Pero, como diría Ramesh, lo que ocurra es un suceso que tuvo que suceder de acuerdo con la voluntad de Dios y tu destino.

Y finalmente, puedo imaginar a Dios en el cielo con una amplia sonrisa en su rostro, mientras Ramesh les dice a los buscadores que todo es Su voluntad. Una enseñanza que atrae a personas de todas las clases sociales y de todo el mundo: abogados, soldados, monjes, hombres de negocios, actores, curanderos, enfermeras, artistas, todos se dirigen a la puerta de Ramesh y encuentran consuelo en el defensor estrella del destino. Desde la joven madre que perdió a su hijo en un trágico accidente y se negó a aceptarlo, culpando y acusando al guardián a cargo de los niños cuando hacían un picnic; a un soldado que mató al enemigo en el campo de batalla y no podía vivir con la culpa; a un músico de fama mundial cuyo gerente lo estafó de toda su fortuna.

Ramesh aún tiene una energía tremenda que lo hace hablar casi dos horas diarias con los visitantes. Son las 9 de la mañana de otro domingo. Un ateo llama a su puerta, entra y se sienta en el asiento frente a Ramesh solo para escucharlo decir: «Un ateo no puede ser ateo a menos que sea la voluntad de Dios.» Los buscadores vienen, algunos hacen preguntas mientras otros escuchan. Los ocasionales sonidos de bocinazos de automóviles que provenían de la calle se filtran en la sala mientras Ramesh deja claro que Dios está en el asiento del conductor.

Ahora con casi noventa y un años de edad, el hijo del destino dice que está listo para irse a casa y no le importa lo que suceda al momento siguiente. Recientemente dijo: «No me arrepiento del pasado ni tengo expectativas en el futuro. Después de todo, no tengo mucho futuro en ningún caso.» Y la sala se llena de risas. La conciencia ha cuidado bien este instrumento cuerpo-mente para entregar su enseñanza a los buscadores que vienen y escuchan a través de él. Casi puedo escuchar a Dios decirle a Ramesh, «Un trabajo bien hecho, hijo mío.» Pero entonces, me imagino a Ramesh con una sonrisa traviesa que le dice a Dios: «¡¿Estás bromeando?!» Porque, él sabe que no lo hizo. Simplemente sucedió.

❧

«Los eventos suceden, los hechos tienen lugar, pero no hay un hacedor individual de ningún hecho.»

– El Buda

«La iluminación es el fin del sufrimiento.»

– El Buda

LA VERDAD

¿Cuál es la verdad? La verdad es lo que nadie puede negar.

Según esa medida, la única Verdad es que existes, la conciencia impersonal de ser, "YO SOY", "Yo existo". Si toda tu memoria hubiera sido borrada, solo quedarías con el "Yo soy" impersonal. Todo lo demás después de eso es un concepto. "Yo soy esto ..." o "Yo soy eso ..." es un concepto.

Un concepto será aceptable para algunos y no aceptable para otros.

Incluso Dios es un concepto, porque un ateo puede negar la existencia de Dios.

Ningún gurú o maestro puede darte la Verdad. En el momento en que hablas de la Verdad, se convierte en un concepto.

No tengo Verdad para darte; Todo lo que puedo darte es mi concepto, basado en mi experiencia de la vida diaria. Entonces depende de ti aceptar o rechazar mi concepto.

Si aceptas mi concepto, entonces puedes modificar o alterar tu condicionamiento existente, o puede transformarlo totalmente. O bien, podrías rechazar mi concepto y tirarlo por la ventana.

Si aceptas o rechazas mi concepto, se basará en tu destino y en la voluntad de Dios.

LA FELICIDAD

¿Qué es lo que más quiere un ser humano en la vida? Felicidad.

Desde el momento en que nace un bebé y busca intuitivamente el pecho de su madre, el ser humano busca la felicidad. Felicidad para el bebé significa leche materna.

¿Qué significa la felicidad para el adulto? La verdadera felicidad no puede significar los placeres de la vida. Esa felicidad no es una felicidad duradera. Porque, el placer es invariablemente seguido por el dolor. La base misma de la vida es la incertidumbre. La vida significa placer en un momento, dolor en el otro. Placer, dolor, placer, dolor ...

Entonces, en tales circunstancias, ¿cuál es la felicidad que el ser humano verdaderamente busca?

Lo que verdaderamente busca el ser humano, lo sepa o no, es la "paz mental".

La paz mental no se puede encontrar en el flujo de la vida (a veces placer, a veces dolor), sino en la actitud de uno hacia la vida.

Y, la actitud de uno hacia la vida simplemente significa la actitud de uno hacia el otro. Porque, durante todo el día, la vida diaria significa mi relación con el otro, quien quiera que sea el otro: mis padres, mi hijo, mi vecino, alguien relacionado con mi negocio u ocupación, o incluso un desconocido.

La única manera de tener una felicidad profunda, paz mental, es si mi actitud hacia el otro es de total armonía.

Por lo tanto, ¿a qué se reduce la paz mental en la vida diaria? Significa estar cómodo conmigo mismo y estar cómodo con los demás. Dicho de manera negativa, significa no sentirse incómodo consigo mismo y no sentirse incómodo con los demás.

NO-HACEDOR

Uno se siente incómodo consigo mismo o con el otro cuando surge un pensamiento, un recuerdo de lo que alguien 'hizo'. Uno odia a alguien por lo que me ha hecho a 'mi' que me lastimó, o se odia a sí mismo por lo que uno le ha hecho al 'otro'.

La tranquilidad que uno disfruta en el momento, se rompe por el surgimiento de este pensamiento.

Y uno, no tiene control sobre cual será el próximo pensamiento que surja.

Odio hacia el otro por sus acciones y odio hacia uno mismo por las acciones de uno, que podrían haber lastimado al otro, destruyen la paz mental que uno disfruta en el momento.

Hace más de 2500 años, el Buda dijo: «Eventos suceden, hechos se llevan a cabo, pero no hay un hacedor individual de ningún hecho.»

Los eventos suceden. Nadie hace nada. Todas las cosas suceden exactamente como se supone que deben suceder, de acuerdo con la voluntad de Dios (a la que también me refiero como la Ley Cósmica para aquellos que tienen un problema con la palabra 'Dios'). Somos meros instrumentos cuerpo-mente a través de los cuales opera la voluntad de Dios.

Un acontecimiento me duele porque se supone que me duela. A través de quien sucede el suceso --ya sea a través de A, B, C o D-- es irrelevante.

Uno puede sentirse terriblemente herido por lo que alguien dice, pero puede no reaccionar de la misma manera si, por ejemplo, una máquina dijera lo mismo. Si uno es capaz de aceptar totalmente que pase lo que pase es un suceso que tuvo que suceder de acuerdo con la voluntad de Dios, a través de cualquier organismo cuerpo-mente, entonces el 'quién' se vuelve irrelevante y redundante.

Si uno puede aceptar que todas las acciones son sucesos y que nadie hace nada, entonces no se culpa ni se condena a sí mismo ni a los demás por lo que hicieron o no hicieron; uno se complace, pero no se enorgullece de sus logros, no se siente culpable o avergonzado por las acciones de uno, o odio o malicia hacia el otro.

Ni orgullo ni arrogancia por mis buenas acciones, ni culpa ni vergüenza por mis supuestas malas acciones, ni odio hacia el otro por sus acciones.

La ausencia de orgullo, arrogancia, culpa o vergüenza significa presencia de paz mental.

La paz mental no puede suceder a menos que haya una aceptación total de que «yo no soy el hacedor, ni el otro es el hacedor. Dios es el único hacedor.»

Con este entendimiento, la palabra 'perdón' pierde su significado. ¿Pues quién tiene que perdonar a quién y por qué? ¿Un 'instrumento' que perdona a otro 'instrumento' por un suceso que tuvo que suceder según la voluntad de Dios?

Un beneficio importante de este concepto es la comprensión de que si no eres el hacedor, entonces no puedes cometer un error. Y, lo más importante, no puedes cometer un pecado.

Si no puedes cometer un pecado, entonces ya no necesitas temer a Dios, y si no le temes a Dios, entonces nada debe detenerte para amar a Dios como tu Creador.

Pero luego preguntarás: «Si todo es la voluntad de Dios y yo no soy el hacedor, ¿qué me impide coger una ametralladora y matar personas?»

Si no es tu naturaleza (genes y condicionamiento), no podrás hacerlo en primer lugar.

En segundo lugar, este concepto no te exime de tu responsabilidad para con la sociedad. Pues la sociedad considerará lo que ha sucedido como acción "tuya" y te castigará.

La sociedad en la que vives te recompensará por tus acciones 'buenas' y te castigará por tus acciones 'malas'. 'Recompensa' significa placer pero no orgullo (porque no es 'mi' acción) y 'castigo' significa dolor pero no culpa o vergüenza (tampoco es 'mi' acción).

EL DESTINO

Todo está predeterminado. Desde el momento de la concepción, ya sea que la concepción sea abortada o que nazca un bebé, hasta que muere, todo está predeterminado.

La vida es como una película que ya está en la lata. Vemos la película escena a escena, pero el final de la película ya está predeterminado.

La cantidad de placer y dolor que se ha asignado en la vida de uno está predeterminada.

Uno se siente herido porque era su destino sentirse herido. Si no es tu destino ser herido, ningún poder en la tierra puede herirte. A la inversa, si tu destino es ser herido, ningún poder en la tierra puede evitar que no te lastimen.

Una hoja en particular, de una rama en particular, de un árbol en particular, en un campo en particular, de una aldea en particular, en un estado en particular, de un país en particular, caerá al suelo, solo si es la voluntad de Dios. Creemos que A conduce a B, B conduce a C, C conduce a D y así sucesivamente. Pero la flecha del destino es de doble punta. Para que D sucediera, C tenía que suceder; para que C sucediera, B tenía que suceder...

Aunque todo está predeterminado, saberlo no te ayudará de ninguna manera, ya que nunca sabrás qué es lo predeterminado.

Entonces, todo lo que puedes hacer es decidir tomar una acción, y luego dejar el resto a la voluntad de Dios. Dado que la expectativa significa invitar a la frustración.

LIBRE ALBEDRÍO

᪥

A menos que cada ser humano tenga libre albedrío total, el mecanismo de la vida diaria no puede ocurrir. El ser humano tiene libre albedrío, pero en la investigación se encuentra que no vale nada.

Pues, todo lo que el ser humano puede hacer es decidir tomar una acción particular. Después de eso, una de las siguientes tres cosas puede suceder:

1. Uno obtiene lo que quiere.

2. Uno no obtiene lo que quiere.

3. Uno obtiene algo totalmente inesperado, muchas veces para peor, a veces para mejor.

¿Cuál de las tres cosas sucede nunca está en nuestro control? Entonces, ¿de qué sirve el libre albedrío del ser humano si uno no puede controlar el resultado de su acción? De lo anterior y, lo que es más importante, de la propia experiencia personal, está claro que el libre albedrío no funciona en la 'práctica'. Tampoco funciona en 'teoría'.

Cuando investigamos en qué se basa el libre albedrío, llegamos a la conclusión de que se basa en solo dos factores:

1. Nuestros genes.

2. Nuestro condicionamiento.

No tenías control sobre los padres con los que naciste y, por lo tanto, ningún control sobre tus genes.

No tuviste control sobre el entorno geográfico en el que naciste (en qué país, ciudad), ni control sobre el entorno social (clase alta / media / baja), en el que recibiste tu condicionamiento desde el primer día: condicionamiento en el hogar, en la Sociedad, escuela, iglesia o templo. «Esto es bueno, esto es malo ...,» «Debes hacer esto, no debes hacer eso o Dios te castigará ...» Desde el primer día, hay un bombardeo de condicionamiento.

Entonces, si tu libre albedrío se basa en dos factores, tus genes y tu condicionamiento, sobre los cuales no tienes ningún control, ¿es realmente tu libre albedrío?

¿Quién hizo tus genes y tu condicionamiento? Dios lo hizo. Entonces, lo que pienses que es tu voluntad es en realidad la voluntad de Dios.

Y, ¿cuál es la base de la voluntad de Dios?. Algo tan vasto que cubre toda la manifestación de todos los tiempos, no puede ser comprendido por el insignificante intelecto humano

Más importante aún, ¿quién quiere saber la base de la voluntad de Dios? ¿Un simple objeto tridimensional? ¿Un instrumento? Una pintura nunca puede saber por qué la pintó su pintor.

Entonces, ¿cómo vivo mi vida? Desde el hombre de las

cavernas, hace 10.000 años atrás, para ti y para mí hoy, la vida diaria significa lidiar con cada situación. En cada situación dada, todavía tienes que decidir qué hacer, pero ahí es donde termina el llamado libre albedrío.

En otras palabras, debes actuar como si tuvieras libre albedrío, sabiendo que no lo tienes.

¿Es eso ser un hipócrita? De ningún modo. Sabemos que el sol no sale ni se pone, sino que es la tierra que gira alrededor del sol, sin embargo, no tenemos ningún problema en decir 'amanecer' y 'puesta de sol'. De manera similar, tenemos que actuar como si tuviéramos libre albedrío, sabiendo que en realidad es la voluntad de Dios.

Con esta comprensión, no tendrás ninguna expectativa, ya que sabes que los resultados nunca están bajo tu control. Ninguna expectativa significa ninguna frustración, no hay arrepentimientos sobre el pasado, no hay quejas en el presente o no hay expectativas sobre el futuro.

❦

Una mañana, un hombre recibió una carta indicando que había heredado una antigua mansión en ruinas en las afueras de la ciudad donde vivía. Su tío, que había fallecido recientemente, se lo había dejado en herencia.

El domingo siguiente, el hombre decidió visitar esta mansión. Después de inspeccionar las distintas habitaciones, subió a explorar el ático. Estaba abarrotado de muebles rotos, alfombras viejas y todo tipo de cosas. Debajo de una gruesa alfombra cubierta de polvo, descubrió un viejo cofre de madera con una cerradura pesada. Su corazón comenzó a latir de emoción mientras su mente evocaba todo tipo de visiones de los objetos de valor encerrados dentro del cofre. Con manos temblorosas, agarró una llave y rompió la cerradura. Para su sorpresa, el cofre estaba lleno de paquetes de notas de papel moneda. Al encontrar una maleta gastada en un rincón del ático, rápidamente transfirió todo el dinero a ella. A la mañana siguiente, pensando que sería más seguro mantenerlo en su banco, tomó el dinero para depositarlo en su cuenta. Dirigiéndose directamente a la cabina del Gerente del Banco, le contó sobre su buena fortuna mientras seguía amontonando los paquetes de notas en el escritorio. El gerente del banco, un hombre sabio y cauteloso, le pidió que esperara mientras llevaba el dinero al cajero para que lo contara y lo acreditara en su cuenta.

Los minutos pasaron. El hombre caminaba de un lado a otro impacientemente en la cabina del Gerente. Finalmente, después de lo que parecieron horas, el gerente del banco regresó con una expresión grave y sombría en su rostro. Las notas de papel moneda, le informó, eran falsificadas. ¡Cada una era falsa!

Entonces, ¿el hombre realmente tenía los paquetes de billetes?
Sí, los tenía
¿Cuál era el valor de esas notas? ¡Nada!
Del mismo modo, ¿un individuo tiene libre albedrío?
Sí, de hecho lo tiene. Sin embargo, ¿cuál es su valor? ¡Nada!
¿Por qué?

Porque todo lo que uno puede hacer, en cualquier situación, es decidir hacer lo que uno cree que debería hacer. Eso es total voluntad libre. Después de eso, lo que ocurra nunca estará bajo el control de uno.

«Por lo tanto, ¿cómo debo vivir mi vida? Actuando como si tuviera libre albedrío, pero sabiendo perfectamente que lo que ocurra después no es "mi" voluntad sino la voluntad de Dios.»

NO DUALIDAD

D e acuerdo con la filosofía india de Advaita, que literalmente significa "no dos", solo hay una Fuente.

Todo lo que hay, es Conciencia.

En las escrituras hindúes se dice: «Tú eres el hacedor, Tú eres el experimentador; Tú eres el que habla, tú eres el oyente.» Piensas que yo hablo y tú escuchas, o tú hablas y yo escucho. Pero si cualquiera de nosotros estuviera profundamente dormido o bajo sedación, hablar o escuchar no sucedería. Por lo tanto, es la Conciencia la que habla a través de un instrumento y escucha a través del otro.

En esta película que llamamos vida, el guion está escrito, dirigido y producido por la Conciencia. Es la

Conciencia la que interpreta a todos los personajes de la película. La Conciencia es la pantalla en la que se desarrolla la película, y la Conciencia está viendo la película.

La misma energía funciona a través de seis mil millones de objetos, al igual que la electricidad funciona a través de varios aparatos, y produce lo que se supone que debe suceder.

La Fuente es Una. Pero, cuando la Fuente se convirtió en la manifestación y la vida tal como la conocemos, la base misma tenía que ser la dualidad. El Uno tenía que convertirse en dos, y los dos en muchos, en manifestación.

¿Creó Dios solo lo bueno y no lo malo? ¿Creó Dios solo a Jesús y a la Madre Teresa? Entonces, ¿quién creó a Hitler y Osama Bin Laden? Tanto lo bueno como lo malo deben venir de la misma Fuente.

La Fuente es Una, de donde ha venido todo. Si Dios

es solo una entidad amorosa, ¿entonces quién creó a las personas malas?

Por lo tanto, tenemos que pensar en Dios como la Fuente misma – la Única Singularidad no manifiestada que se ha convertido en la dualidad y multiplicidad manifiestada.

Solo somos instrumentos a través de los cuales ocurren las acciones, instrumentos a través de los cuales Dios, o Conciencia, o la Fuente funciona. Dios crea santos, y Dios crea psicópatas.

¿Por qué creó Dios a Hitler? ¿Por qué creó Dios a Osama Bin Laden?

La razón es que la base misma de esta manifestación y su funcionamiento que llamamos vida es la dualidad; dualidad de todo tipo concebible, comenzando con hombres y mujeres, bello y feo, riqueza y pobreza, gente buena y gente mala, amabilidad y crueldad, niños sanos y niños discapacitados. Sin esta dualidad, la vida tal como la conocemos no podría haber sucedido. Para que la vida suceda como la conocemos, todo tiene que tener su opuesto interrelacionado.

Debido a que no aceptamos esto, hacemos preguntas: «¿Por qué creó Dios a los niños discapacitados? ¿Qué daño han hecho los niños discapacitados y a quién?»

La respuesta es que Dios tuvo que crear niños discapacitados porque Dios creó niños saludables. Dios creó a los psicópatas porque Dios creó a los santos.

Nada en el mundo puede existir sin su contraparte interconectada. Todo el propósito de la vida es aceptar esta dualidad.

EGO

¿Qué es el ego? El ego es la identificación con un nombre y una forma como una entidad separada.

La Fuente, la Conciencia Impersonal, se identifica con cada entidad separada y opera a través de esa entidad como el ego. El ego es conciencia identificada, la Fuente es la Conciencia Impersonal.

Muchos maestros dicen que el ego es el enemigo y que tienes que matarlo, pero no puedes simplemente deshacerte del ego. ¿Quién dice que te deshagas del ego? El ego, por supuesto. Y el ego nunca acordará deshacerse de sí mismo.

Lo que se requiere no es que me libere del ego, sino que me libere de la creencia de que soy el hacedor.

Incluso un sabio tiene un ego. Para ser mas exacto, el sabio vive como un ego. Es por eso que un sabio responde cuando su nombre es llamado. Sin embargo, la diferencia entre el ego de un sabio y el ego de un hombre común es que el sentido de hacedor ha sido completamente erradicado del ego del sabio.

Como dijo Ramana Maharshi, el ego del sabio es como los restos de una cuerda quemada. No se puede usar para atar nada, pero todavía tiene la forma de la cuerda como ceniza.

Al igual que cuando se quita el apéndice, el cuerpo no se ve afectado y es completamente funcional, de manera similar en un sabio el ego opera pero sin el sentido de ser el hacedor.

El sabio actúa como si fuera el hacedor, sabiendo que no lo es, mientras acepta que todo sucede exactamente como se supone que sucede según la voluntad de Dios.

PENSAMIENTO
Y
PENSAR

Los pensamientos vienen de fuera. De una serie de probabilidades, una probabilidad colapsa como un pensamiento.

Uno no tiene control sobre cual será el próximo pensamiento.

Cuando el ego se involucra con un pensamiento que surge espontáneamente, es decir, en vez de permitir que el pensamiento se disuelva, el ego lo sostiene por un periodo de tiempo prolongado, entonces es que el pensar tiene lugar: surge el imaginario "qué-pasaría-si" y "qué-debería-ser".

REACCIÓN EGOICA
Y
REACCIÓN BIOLÓGICA

Diferentes personas pueden reaccionar de manera diferente a la misma situación. Si en una señal de tráfico un mendigo se acerca a un automóvil en el que hay cuatro personas, las cuatro pueden reaccionar de maneras diferentes. El miedo puede surgir en uno, la ira en otro, el disgusto en el tercero y la compasión en el cuarto. Cada organismo cuerpo-mente reacciona de acuerdo con su programación (genes más condicionamientos). Es una reacción biológica. Pero entonces, el ego se involucra y considera la reacción biológica como 'su' reacción.

Por ejemplo, la ira surge como una reacción biológica en el tiempo vertical, en el momento. Entonces el ego se involucra y dice: «¿Por qué me enojo? No debo enojarme, mi médico me ha dicho que si me enojo mi presión arterial aumentará ...,» y todo lo preocupante y la conceptualización comienza. Esto es lo que sucede en una persona ordinaria.

Este pensamiento lo saca a uno de "lo-que-es" en el momento (una reacción biológica), y proyecta el ego un imaginario "qué-debería ser" (una reacción del ego). De manera similar, la preocupación puede ser llevada hacia la ansiedad, y la pena puede ser llevada hacia el luto.

Incluso en un sabio, la ira puede surgir como una reacción biológica, pero el sabio no se involucra en la ira. El ego, totalmente desprovisto del sentido de hacedor, no reacciona a la reacción natural del organismo cuerpo-mente. Al momento siguiente, alguien puede decir algo cómico y el sabio estalla en carcajadas.

De manera similar, en un sabio el deseo puede surgir pero el sabio no persigue el deseo. El sabio sabe que el deseo será satisfecho si es la voluntad de Dios.

MENTE FUNCIONAL
Y
MENTE PENSANTE

L a mente funcional, su enfoque siempre es en el momento presente. Por ejemplo, cuando un cirujano está realizando una operación y está enfocado en esa tarea, está utilizando su mente funcional. Utilizar la mente funcional incluye en ocasiones acudir a la memoria para llevar a cabo la operación de la mejor manera posible.

La mente pensante entra cuando la mente comienza a involucrarse en pensar lo que podría suceder, y crea el ilusorio "qué pasaría si" distrayendo a la mente funcional de la tarea.

Por ejemplo, si el paciente operado es un político influyente y el cirujano comienza a preocuparse por las consecuencias a las que tendría que enfrentarse si algo saliera mal con la operación, ahí estaría utilizando su mente pensante y se "involucraría" en el pensar, que solo serviría como distracción y podría afectar la eficiencia del procedimiento.

La mente pensante siempre se proyecta hacia el futuro o hacia el pasado, mientras que la mente funcional está siempre enfocada en el momento presente, centrándose en la tarea en cuestión, incluso si la tarea en la que se encuentra involucrada es la planificación para el futuro.

LA ILUMINACIÓN

La iluminación es la aceptación total de que no soy el hacedor de mis acciones, y tampoco lo es el otro. Significa la aceptación total de que todo lo que acontece en el mundo sucede de acuerdo con la voluntad de Dios; a través del quién sucede es la voluntad de Dios; y, cómo cada suceso afecta a quién es también la voluntad de Dios.

Y, ¿qué hará la iluminación para mí en mi vida diaria que nunca antes había hecho?

La iluminación no te convertirá en un ser humano perfecto, no hay puntos malos y solo puntos buenos. No te dará poderes especiales como caminar sobre el agua, aparecer en dos lugares al mismo tiempo o mirar hacia el futuro.

Lo único que la iluminación te dará es paz mental. La iluminación puede no hacer que la vida sea más fácil, pero la vida ciertamente se vuelve más simple y más relajada. El Buda dijo: «La iluminación es el fin del sufrimiento.»

El sufrimiento al que el Buda se refiere no es al sufrimiento físico, no hay manera de evitar eso. No hay forma de evitar el dolor físico que se le ha asignado a uno en la vida. Incluso Jesucristo en la cruz gritó de dolor: «Dios mío, Dios mío, ¿por qué me has abandonado?»

El sufrimiento al que se refirió Buda fue al sufrimiento causado por el sentido de creer ser el hacedor: el sentido de orgullo y arrogancia por nuestras buenas acciones, al igual que la culpa y la vergüenza por nuestras malas acciones y el odio hacia el otro por sus acciones.

Aceptar que todo es la voluntad de Dios elimina la carga de orgullo, arrogancia, culpa y vergüenza, y significa paz mental.

Como dijo Jesucristo: «No se haga mi voluntad, sino la Tuya.»

Una de las primeras cosas que sucede con la iluminación es que el ego se da cuenta de que su propia programación contiene algunos puntos buenos y algunos puntos malos. El sabio sabe que él no es perfecto, y tampoco lo es nadie más. Esta comprensión produce un profundo sentido de tolerancia, tanto para él como para el otro. El sabio se da cuenta de que el verdadero significado del término 'hermandad universal' es que somos una hermandad de instrumentos a través de los cuales funciona la voluntad de Dios.

Intelectualmente, casi todos aceptarán un concepto que los libere de la carga de culpa y vergüenza por sus acciones, y el odio hacia el otro. Pero el problema es que el concepto no puede funcionar a menos que la aceptación sea total y no solo intelectual.

Entonces, ¿qué tengo que hacer para tener la aceptación total de que no soy el hacedor? La respuesta es "nada".

Si no soy el hacedor, no hay nada que pueda hacer. Solo puede suceder si se supone que suceda de acuerdo con la voluntad de Dios y tu destino.

Pero, no hay razón para ser pesimista. No empezaste la búsqueda espiritual en primer lugar; Dios lo hizo. Es algo que sucedió porque se suponía que sucedería según tu destino y la voluntad de Dios. Si Dios te trajo hasta aquí, ¿por qué crees que te dejará aquí? Entonces, considera tu vaso medio lleno y no medio vacío.

Pero, mientras esperas que Dios tome una decisión, hay algo que puedes hacer. Y, eso es lo que se conoce como investigación personal. Esa es la única práctica que recomiendo.

INVESTIGACION
PERSONAL

꧁꧂

L a única práctica espiritual que recomiendo es la
investigación personal. Es bastante simple y se
puede hacer en cualquier momento del día además
de cualquier práctica que puedas estar realizando
actualmente.

Todo lo que necesitas hacer es estar cómodo; recuéstate
en una silla en un momento en que sientas que es muy
poco probable que te molesten. Si lo deseas, puedes
incluso tener tu bebida favorita.

Luego, en tu mente repasa todos los eventos que
recuerdes que tuvieron lugar durante el día. Cuando
lo hagas, te darás cuenta de que casi todos los eventos
simplemente sucedieron. No tuviste control sobre ellos.
Eras solo una pequeña parte en el acontecimiento.
Luego, de entre los eventos restantes, elije uno que estés
convencido de que de hecho fue tu acción.

Investiga más esa acción y pregúntate si realmente fue tu acción. ¿Decidiste tomar esa acción en un momento en particular? ¿O sucedió porque tuviste un pensamiento ... el surgimiento de lo que te llevó a realizar esa acción? Si ese pensamiento no hubiera ocurrido, tu acción no hubiera ocurrido. Y, no tenías control sobre el surgimiento de ese pensamiento. Entonces, ¿cómo puedes llamarlo tu acción?

Viste algo, escuchaste algo, probaste algo, oliste algo, tocaste algo, como resultado de lo cual tuvo lugar tu acción.

Si no hubieras estado en un lugar determinado en un momento determinado y hubieras visto, oído, olido, probado o tocado algo, tu acción no habría ocurrido. Y, no tenías control sobre estar allí en ese momento para que sucediera algo que viste, oíste, oliste, saboreaste o tocaste.

Entonces, si no tienes control sobre lo te que llevó a tu acción, ¿cómo puedes llamarlo tu acción?

Invariablemente llegarás a la conclusión de que no fue tu acción.

Sigue investigando tus acciones hasta que la comprensión se profundice más y más, «no es mi acción, no es mi acción, no es mi acción ...» hasta que estés totalmente convencido de que ninguna acción es 'tu' acción.

Y luego, la comprensión final puede suceder en un instante, «simplemente no puedo ser el autor de ninguna acción.» Este flash puede ocurrir en cualquier momento, no necesariamente cuando se está realizando la investigación. Una vez que ocurra la aceptación total, no habrá más dudas o preguntas.

¿Es la iluminación un proceso repentino o gradual? Es como subir un tramo de escaleras. La iluminación podría suceder repentinamente entre el paso noventa y nueve y el paso cien. Pero, hasta entonces, poco a poco vas subiendo los escalones.

La iluminación es el entendimiento más claro de

que todo lo que hay es la Fuente. Liberación es la integración de esta comprensión en la vida diaria: lidiar con cada situación según se crea conveniente y luego dejar el resto a Dios.

La iluminación es repentina, pero la liberación es gradual. El flash de aceptación total de que no puedo ser el autor de cualquier acción es repentino. A partir de entonces, vivir nuestra vida diaria con este sentido total de ausencia de participación es gradual.

Es como aprender a conducir. Obtener el permiso de conducir es una cosa, pero convertirse en un conductor experimentado y conducir sin problemas a través del tráfico intenso puede llevar algún tiempo. Hasta que un día, después de unos meses, miras hacia atrás y te das cuenta de que acabas de conducir a través del tráfico intenso, durante más de una hora, sin el menor estrés mental.

PERMANECER CONECTADO
A LA FUENTE

Mantenerse conectado a la Fuente significa estar constantemente consciente del hecho, independientemente de si uno está disfrutando el placer o experimentando el dolor en el momento, que este 'yo' (la Conciencia identificada que opera como el ego) es en realidad ESA Conciencia impersonal, la Fuente.

ESO eres tú, yo, él y ella. Solo somos instrumentos a través de los cuales ESO funciona.

La conexión con la Fuente dura, solo cuando existe una aceptación total, en todo momento, de que nadie es el autor de sus acciones.

La conexión con la Fuente se rompe cuando nos involucramos en un pensamiento en particular, y culpamos y condenamos a los demás por lo que le han hecho al 'yo'.

Todo lo que tenemos que hacer es recordar que si bien es "esto" lo que tiene que hacer lo que sea necesario en la situación actual, siempre es la voluntad de ESO la que prevalece todo el tiempo.

La iluminación significa aceptar que todo lo que sucede es la voluntad de Dios. Cuando esta aceptación mantiene a uno conectado a la Fuente todo el día, puede considerarse como liberación.

LA ORACIÓN

¿Qué significan realmente las elevadas palabras «Rendirse a Dios, Entregarse a Dios?» ¿Entregar qué? El ser humano nace con nada y muere con nada, entonces, ¿qué es lo que él tiene que entregar a Dios? Todo lo que puede entregar a Dios es su creencia de ser el hacedor.

Si hay aceptación total de que todo lo que sucede es la voluntad de Dios, entonces la oración pierde su significado.

¿Cómo puede una oración alterar lo que está predeterminado? Ya sea que una oración sea contestada o no ya ha sido predeterminada.

La mayoría de las veces cuando oramos, nuestra oración es una forma de mendigar, pidiéndole a Dios que nos conceda favores.

Nuestra oración debe ser de gratitud.

Debemos agradecer a Dios por nuestro sufrimiento, sabiendo que podría haber sido mucho peor, como el sufrimiento de millones por debajo de la línea de pobreza.

La oración final: Querido Dios, dame un estado mental en el que ya no quiera nada de nadie, ni siquiera de Ti.

«Es cierto que la Divina Voluntad prevalece en todo momento y en todas las circunstancias.
Los individuos no pueden actuar por su propia cuenta.
Reconoce la fuerza de la Divina Voluntad y guarda silencio. Cada uno es cuidado por Dios.»

– Ramana Maharshi

EPÍLOGO

Ramesh ocasionalmente decía que la felicidad genuina es, en última instancia, la ausencia de infelicidad. Prefiere la sintaxis negativa, dado que él no sostiene una zanahoria delante del buscador. Por lo tanto, a menudo repite lo que dijo el Buda: «La iluminación es el fin del sufrimiento,» porque no hay nada que ganar.

Hablando sobre el dolor del sufrimiento físico, a veces cita el ejemplo de la migraña que tuvo durante muchos años. Un día, cuando se dio cuenta de que no sufrió un ataque de migraña durante todo el día, supo que ninguna felicidad o placer podía compararse con el cese de ese dolor. Por lo tanto, también diría que el cese del dolor es el mayor placer.

Y esto sería cierto en la experiencia de todos. Porque cuando estamos en medio del sufrimiento, todo lo que queremos es que el sufrimiento termine, eso es todo por lo que verdaderamente oramos. En ese caso, realmente no se nos ocurre orar por más placeres. Si Dios nos prometiese una vida libre de sufrimiento, con la única condición de que tampoco hubieran placeres, estoy seguro de que muchos optarían por ella (especialmente aquellos que han experimentado una gran cantidad de sufrimiento en sus vidas). Pero entonces, vivir esta vida significa disfrutar de los placeres, así como sufrir los dolores. Nuestra única esperanza es que podamos hacerlo con ecuanimidad y tranquilidad, sabiendo que nada dura para siempre. Y ahí es donde entra en juego la relevancia de cualquier enseñanza: su impacto en nuestra vida diaria que nos permite ir con el flujo de la vida. Porque, ¿qué valor tiene una enseñanza a menos que sea relevante para nuestra vida diaria? Debe ser probada en el fuego de la experiencia personal.

Cuando un buscador le dijo a Ramesh que había sufrido tanto que a veces sentía que estaba en una prisión, y realmente se preguntaba si valía la pena vivir, Ramesh mencionó que, de hecho, todos somos prisioneros de nuestros genes y condicionamientos. El punto es que convertimos nuestro simple encarcelamiento en un encarcelamiento riguroso cuando culpamos y condenamos a otros por sus acciones, y por lo tanto causamos sufrimiento para nosotros mismos. O, cuando nos culpamos y nos condenamos por algo que hicimos, que lastimó al otro.

La vida, como dice Ramesh, es como un río profundo que fluye sin cesar y es mucho más fácil nadar con la corriente en lugar de contra ella. Esto me recuerda una de las historias más divertidas de la vida real que he escuchado, narrada por un hombre maravilloso que había conocido en uno de los satsangs de Ramesh, con una taza de chai en mi oficina. Tenía sesenta años y vivía en el campo de Nueva Zelanda. Mencionó que en su visita anterior, le había pedido a Ramesh que le diera algunas palabras que pudiera contemplar cuando regresara a casa. Ramesh simplemente le dijo: «Deja que la vida fluya.» Cuando volvió a casa, ¡eso es exactamente lo que sucedió! Hubo repentinas inundaciones y la mayor parte de su casa fue arrasada. En medio de todo el caos y la operación de rescate, no pudo evitar soltar una carcajada y fue testigo de lo que estaba sucediendo sin involucrarse en la situación. No hace falta decir que a su esposa no le hizo gracia.

Deja que la vida fluya. Nunca se sabe qué podría sucederte a continuación, causándote placer o dolor. Pero, puedes estar seguro de que algo siempre lo hace. Y cuando suceda, que la enseñanza te ayude a nadar con la corriente en lugar de contra ella.

※

«Es la Verdad lo que libera, no tu esfuerzo por ser libre.
Estate quieto. Deja que la vida fluya.»

– Ramesh Balsekar

AGRADECIMIENTO

A Ramesh, por iluminar el camino y con quien he disfrutado tantos diálogos en silencio en lugar de utilizando palabras, a lo largo de los años. Jeremy hizo coma en su mayor parte, ha sido más allá de las palabras.

Eckhart, por el inestimable regalo de esta aventura espiritual.

Justice Dudhat, por su fortaleza durante los años formativos.

Mi madre Santosh, por su valiosa retroalimentación y, lo que es más importante, solo por estar ahí.

Shiv Sharma, por su ayuda y gentil guía en la edición del libro. Mis hermanas Shibani y Nikki, por su apoyo a través de los años.

Nick Arandes por su generosidad en traducir el libro al Español.

Girish Jathar y Sanjay Malandkar, por su dedicado trabajo en el diseño y DTP.

Chaitan Balsekar, por su ánimo entrañable.

Gary Roba, por sus útiles sugerencias y puntos de vista.

Mary Cox, por la hermosa foto de portada de Ramesh tomada por Out Vranken.

Para información sobre Ramesh Balsekar, visite:
www.rameshbalsekar.com

Para información sobre Gautam Sachdeva, visite:
www.gautamsachdeva.com

El autor puede ser contactado por correo electrónico:
mails@gautamsachdeva.com

Para más detalles, contactar:
Yogi Impressions LLP
1711, Centre 1, World Trade Centre,
Cuffe Parade, Mumbai 400 005, India.

Complete el formulario de la lista de correo en
nuestro sitio web y reciba, por correo electrónico,
información sobre libros, autores, eventos y más.
Visite: www.yogiimpressions.com

Teléfono: (022) 40115981, 22155036
E-mail: yogi@yogiimpressions.com

Únete en Facebook:
www.facebook.com/yogiimpressions

Únete en Instagram:
www.instagram.com/yogi_impressions

NOTAS

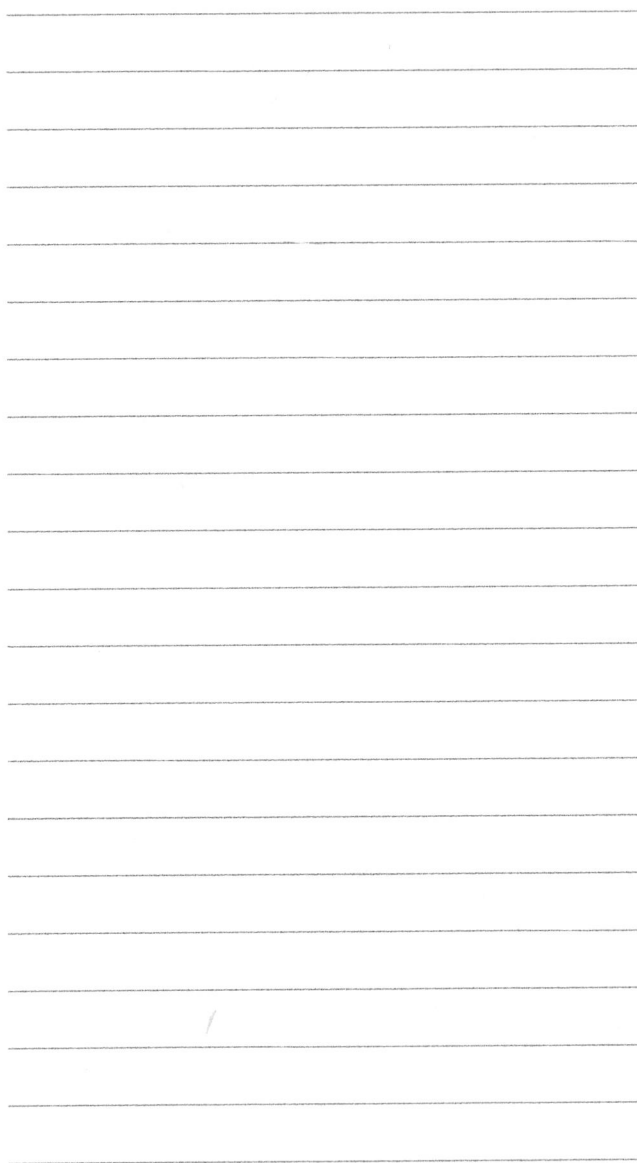

RAMAKRISHNA
ON NON-DOERSHIP

GAUTAM SACHDEVA

THE END OF
SEPARATION

Explosion
of
Love

Gautam Sachdeva

THE
BUDDHA'S
SWORD

GAUTAM SACHDEVA

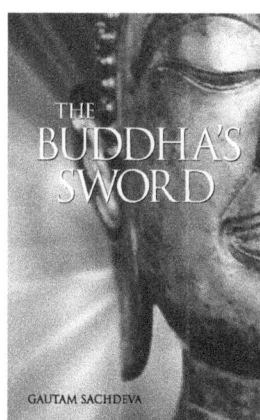

The Sacred India Tarot

Inspired by Indian Mythology and Epics

78 cards + 4 bonus cards + 350 page handbook

The Sacred India Tarot is truly an offering from India to the world. It is the first and only Tarot deck that works solely within the parameters of sacred Indian mythology – almost the world's only living mythology today.